QUESTION

DE

PAIX OU DE GUERRE

PARIS

IMPRIMERIE DE L. TINTERLIN ET Cⁱᵉ

Re Neuve-des-Bons-Enfants, 3.

QUESTION DE PAIX

OU

DE GUERRE

PARIS

E. DENTU, LIBRAIRE — ÉDITEUR,

PALAIS-ROYAL, 17-19, GALERIE D'ORLÉANS

1864

QUESTION

DE

PAIX OU DE GUERRE

Ce n'est pas une exagération, je le crois, de dire qu'il n'est pas en France, à l'époque où nous vivons, deux hommes, deux journaux, deux brochures qui suivent la même ligne et pensent exactement la même chose sur les affaires politiques. Combien même en est-il qui soient toujours de leur propre avis? Ce n'est pas le vrai qui repose et satisfait les esprits honnêtes et réfléchis, et qui ennuie les autres parce qu'il ne varie jamais ; ce n'est pas le vrai que l'on recherche partout et toujours, mais le nouveau qui flatte, passionne et distrait. C'est cette inextricable et perpétuelle confusion du bien et du mal qui fait que presque tous ne savent plus que penser, que presque personne n'est assez sûr de sa propre opinion, pour s'en faire une conviction sûre et raisonnée, et que la lassitude, découragée de la recherche dans l'ombre, abandonne au gouvernement tout jugement sur les choses. C'est ainsi que l'opinion publique, cette reine du gouvernement représentatif, dont la prétention allait jusqu'à lui dicter ses solutions et ses fantaisies, touche un but diamétralement opposé à celui qu'elle visait. Marchant vers l'orient, elle est arrivée au couchant... Quelle logique!...

Ces tristes réflexions s'appliquent à tous les incidents qui agitent la France depuis cinquante années, et plus spécialement à celui qui nous occupe aujourd'hui, parce qu'il fait craindre de les résumer tous dans une crise redoutable et peut-être fatale. La nuit, la confusion et l'incertitude se sont faites autour de lui. Qui viendra les dissiper?... Je ne sais : pour moi, je n'ai point la prétention de le faire complétement, et si quelque chose peut faire pardonner à mon modeste lampion la témérité de s'aventurer ainsi dans cette obscurité profonde, c'est mon espoir que quelque torche plus brillante ne manquera pas de venir illuminer la question. Que Dieu veuille que ce ne soit pas celle de la guerre et de la révolution !...

Oui, c'est une question de paix ou de guerre, peut-être de vie ou de mort qui aujourd'hui s'est emparée de nos esprits. Ce n'est pas la question de la Pologne, ce n'est pas la question du Holstein, ce n'est pas la question d'Orient ou toute autre aussi spéciale enfin... Non... c'est la question de la guerre !... car tout fait croire à la maturité fatale de ce bruit détestable.

Si j'élève ici la voix, ce n'est pas dans l'espoir que la guerre soit ajournée; elle est, je le crains, malheureusement trop certaine ; mais c'est dans la pensée qu'elle ne sera pas faite, au moins, dans l'ignorance de sa déraison et de ses dangers.

Puisque c'est la Pologne qui semble en être aujourd'hui le prétexte en attendant qu'il s'en présente un autre, qu'il nous soit permis de l'examiner soigneusement avec le petit nombre d'amis connus ou inconnus qui voudront bien nous lire.

La Pologne est-elle digne de l'intérêt des hommes honnêtes, et son indépendance importe-t-elle à celui de la France et du monde ?

La France est-elle dans une position à la secourir par la guerre ?

Voici les deux questions principales qui préoccupent l'opinion publique et auxquelles viennent se rattacher toutes celles qui peuvent les éclairer et les résoudre:

Si l'on devait juger le fruit par l'écorce, si l'on ne considérait que les circonstances révolutionnaires et violentes qui enveloppent le soulèvement de la Pologne, à coup sûr les âmes honnêtes et sensées . n'hésiteraient pas à se détourner d'elle ; mais serait-il juste et raisonnable de ne pas aller jusqu'au fond de l'instruction, et de ne pas étudier scrupuleusement la cause comme des juges impartiaux et soigneux ?

C'est vrai, l'agitation polonaise a pris malheureusement, depuis 1830, un caractère révolutionnaire alarmant ; mais à qui la faute ?... Je ne dirai pas que c'est à la France ; mais c'est surtout aux gouvernements de 1830 et de 1848, dont le récent établissement, entouré de périls, demandait au dehors de puissantes diversions, et qui ont soulevé la Pologne pour la tromper, la délaisser bientôt ou l'abandonner lâchement au sabre du vainqueur. Pourrait-on oublier les impuissantes excitations de 1848 et l'épitaphe sanglante inscrite par le gouvernement de 1830 sur une ville immolée qu'il avait excitée lui-même : *L'ordre règne à Varsovie*!... Je ne veux pas disséquer l'histoire encore vivante : ceux qui viendront après nous pourront, avec plus d'impartialité, juger le rôle du gouvernement actuel dans cette redoutable question.

L'Angleterre, cette puissance malfaisante qui ne vit que du désordre et du sang des autres peuples, que n'a-t-elle pas fait pour démuseler la Pologne contre les gouvernements qui l'occupent ?

Était-il possible, d'autre part, que la Pologne ne se mît pas en communauté d'idées politiques avec les gouvernements qui la soulevaient par de pompeuses promesses ? Pouvait-elle ne pas aimer, imiter ceux qui la flattaient, et, se trompant sur leur force, ne pas croire qu'elle leur venait de la révolution, ne pas vouloir aussi, par elle, devenir libre, forte et redoutable ?

Était-il possible encore que la Pologne ne fût pas insensiblement pénétrée, imprégnée du caractère révolutionnaire des moyens de répression que les co-partageants ont constamment employés contre elle et qui la frappent si fort ?

La Prusse !... Que d'efforts pour arracher à Posen sa langue, sa nationalité, sa religion ! Quelle persistance à y déraciner l'élément

polonais par une transmissiou insensible et calculée de la propriété !
On dit même que la police est allée, dans ces derniers temps, jusqu'à
organiser dans cette province une insurrection qui eût été le signal
et l'excuse de son écrasement final et de l'abolition définitive de son
autonomie.

L'Autriche!... Qui ne se souvient avec horreur des égorgements
de Tarnow, de cette Jacquerie socialiste organisée par elle et qu'elle
regardait froidement, l'arme au bras, pour la couvrir ensuite d'une
inique impunité?...

Et la Russie!... Qui ne sait, qui n'a vu, qui ne voit les déporta-
tions par milliers, les apostasies par millions imposées par la force
et la persécution, les spoliations des riches et les excitations à leur
dépouillement par les pauvres, les exécutions des prisonniers, des
innocents et des faibles? Interrogez la Sibérie... Dieu seul sait tout
ce que vous répondrait, si sa langue n'était pas glacée, ce gigantesque muet des convoiteurs de Constantinople !

Voici comment elles ont respecté, toutes les trois, les engage-
ments qu'elles avaient jurés dans de solennels traités.

Je m'arrête; j'aurais trop à dire sur l'inique conduite de ces
trois tourmenteurs qui, après l'avoir écartelée, s'acharnent à l'envi
sur cette malheureuse victime sans cesse galvanisée par d'autres
et par eux !

A ceux qui reprochent si amèrement à la Pologne d'être révolutionnaire, à la plupart, je demanderai : aux uns : Et vous, ne
l'êtes-vous pas aussi? aux autres : Et vous, êtes-vous bien sûrs de
ne l'être pas comme elle, autant qu'elle, plus qu'elle?... Croyez-
vous donc que l'on sorte d'un foyer pestilentiel sans avoir pris
quelque chose du milieu dans lequel on a plongé? Ne voyez-vous
pas la révolution qui nous étreint de toute part? Quel est le gouvernement qui en soit entièrement pur, quand il n'en est pas complétement empoisonné? Quel est le peuple qui ne soit pas par elle
sourdement ou ostensiblement travaillé, miné, volcanisé, prêt à faire
explosion au signal de je ne sais quelle voix mystérieuse et fatale?
Était-il raisonnable de penser que la Pologne seule échapperait à la

contagion? Serait-il juste de lui reprocher d'en être malade, mori-
bonde peut-être? Serait-il juste de l'accuser impitoyablement de
n'avoir pas seule échappé à ce mal qui s'est emparé de toutes les
nations de l'Europe?

Vous qui le lui reprochez ainsi, êtes-vous d'ailleurs bien certains
qu'elle soit aussi révolutionnaire qu'elle le paraît? Êtes-vous bien
certains que ce ne soit pas à la surface seulement qu'elle l'est autant
que vous le croyez?

Parce qu'une nation est accidentellement courbée sous le joug d'un
gouvernement révolutionnaire, peut-on dire qu'elle est révolutionnaire tout entière? Eût-il été raisonnable d'appeler sanguinaire et
socialiste la France de 1793 et celle de 1848? Est-il un homme sensé
qui puisse mesurer la Pologne à l'aune d'un gouvernement qui s'est
emparé d'elle dans le moment périlleux du combat, au poignard des
sicaires anarchistes de toute l'Europe qui se sont déclarés ses cham-
pions? Quel est donc le moribond qui repousse le poison médical qui
lui promet la guérison et la santé?

Sans doute les causes que nous venons d'exposer ont toutes puis-
samment contribué à pénétrer cette malheureuse nation du mal dont
elle paraît atteinte, mais ce fut à coup sûr l'émigration qui en fut le
véhicule le plus actif. A chaque accès de vexation religieuse ou politique, après chaque soulèvement de sa juste exaspération, après
chaque défaite de cette grande nationalité si cruellement enchaînée,
ne se faisait-il pas comme un recrutement de bannis et de réfugiés
qui se répandaient sur l'Europe le cœur blessé, ouvert, béant à toutes les suggestions bonnes ou mauvaises de l'espoir ou de la vengeance? Et qui fait de plus pompeuses et de plus engageantes promesses que la révolution, pour mieux les trahir? Le malheur et l'exil
sont mauvais censeillers, et l'on ne peut s'étonner que ces malheu-
reux aient bu à trop longs traits à la coupe empoisonnée qu'elle
présentait à leur soif de délivrance. Il n'y a guère que les chefs qui
soient exilés, et leur exil et leurs souffrances sont une nouvelle con-
sécration de leur pouvoir. Quand tous les gouvernements qui les
avaient soulevés, les avaient ainsi joués, indignement trahis et

livrés, comment s'étonner qu'ils se soient jetés dans les bras de cette
révolution qui leur faisait de si brillantes promesses, et quoiqu'elle
les ait aussi trompés, qui peut être surpris qu'ils soient restés atta-
chés à cette puissance anonyme qui peut toujours répondre : Ce
n'est pas moi. Elle leur offrait un câble de salut!... Peut-on leur
faire un crime de l'avoir saisi dans le moment du danger et dans
l'espoir du triomphe ?

Sans doute ces hommes, signalés au choix de leur patrie par le
prestige de la victime, ont dû, jusqu'à un certain point, la pénétrer
de leurs idées nouvelles ; mais longtemps séparés par un blocus de
police hermétique, quelle action assez puissante ont-ils pu exercer
sur elle pour la vicier tout entière ? Enfin tous ces chefs exilés, dé-
pouillés ou longtemps prisonniers et déportés... pourquoi donc l'a-
vaient-ils été ?... parce qu'ils étaient des révolutionnaires? Non...
Mais parce qu'ils étaient les défenseurs d'une nationalité de vingt
millions d'hommes qui n'a jamais cessé de protester par la lutte. Si
dans leur éloignement ils sont restés les chefs ; si, rentrés au sein
du soulèvement, ils ont eu le commandement, ce n'est pas, à coup
sûr, à leurs idées révolutionnaires qu'ils le doivent, mais plutôt et
surtout à leur valeur intellectuelle et guerrière, à leur énergie, à
leur activité, à leur patriotisme éprouvé, à leur inébranlable constance. S'ils demeuraient au pouvoir après la victoire, peut-on dire
qu'ils corrompraient inévitablement leur nation et même qu'ils res-
teraient ce qu'ils sont encore ? — Combien de convertis, déjà plus
compromis qu'eux, n'ont pas vus, dans l'Europe entière, tous les
corps politiques et toutes les fonctions publiques !

L'Europe ne peut avoir oublié que la Pologne est un peuple de
vingt millions d'âmes qui a compté parmi les plus utiles et les plus
glorieux, sinon parmi les plus puissants. Elle serait trop ingrate si
elle ne savait plus combien elle l'a protégée contre la barbarie du
Nord, comme elle l'a sauvée de celle de l'Orient.

C'était une nation belliqueuse, ayant sa constitution, ses souverains, son histoire, sa religion, ses mœurs et ses lois : nation insubordonnée, inquiète, il est vrai, mais religieuse et croyante, morale et généreuse, en possession d'une antique civilisation incompatible avec la civilisation de serre chaude, légère, immorale, tyrannique, athée et révolutionnaire de la Russie, ce Slave de bois poli et verni à la surface, mais vermoulu et pourri à l'intérieur, parce qu'il n'a pas pris le temps de mûrir.

On invoque sans cesse contre la Pologne les souvenirs de son histoire troublée et de son *liberum veto*, et, sur la foi de ces réminiscences inopportunes, on la taxe de nation ingouvernable. Tactique d'ennemi et de parti pris. On oublie que les mœurs actuelles et l'état social et politique du présent n'ont rien d'analogue à ce qui existait alors et qui était la cause de ce désordre. Depuis quand une résistance héroïque de cent années ne serait-elle plus une preuve de consistance dans le caractère et les idées, aussi bien qu'une raison méritoire de la délivrance invoquée ?

Serait-ce bien d'ailleurs à nous, Français, de lui faire ce reproche, nous qui, depuis plus de soixante-dix ans, malgré notre gloire militaire, avons tant souffert du trouble et du désordre, tant subi de changements et de bouleversements ? Quelle époque de son histoire présente autant que la nôtre de terreurs, d'abaissement et de déceptions ?

La force pure, c'est le désordre alternativement et sans cesse réprimé, et menaçant encore. Et ce n'est pas le droit, il me semble, qui a dépecé la Pologne comme un cerf forcé, en 1815 comme en 1772, pour la jeter en curée à la coalition victorieuse. Ce n'est pas la Pologne seulement que 1815 a divisée ainsi, c'est aussi l'alliée inébranlable de la France, la fidèle complice de ses triomphes qu'on a voulu frapper en elle.

De quel droit l'Europe s'ingère-t-elle de rayer de sa carte, de détruire par la force ou la ruse des nationalités antiques que Dieu même avait formées, et d'attribuer par des traités des nations indépendantes ? D'ailleurs, ces traités, quel est celui de ces triumpotentats qui les a respectés? Quel est celui qui n'a pas gouverné sa part de Pologne en pays vaincu?

Les Russes surtout sont des maîtres et non des concitoyens, et jusque dans la conversation ils reconnaissent à ces peuples asservis le droit de se soulever. Qui de nous n'a été témoin de l'indignation des Russes quand on parle devant eux des Polonais, des Lithuaniens, des Courlandais et des Finlandais, en les appelant Russes?... Est-ce ainsi qu'on s'assimile et s'incorpore un peuple, et qu'on agit quand on se dit civilisé?... Où donc avez-vous vu que les Alsaciens, les Flamands, les Basques et les Bretons ne sont pas des Français?

La force, toujours la force: jamais d'assimilation par les mœurs, par les lois, par les relations sociales, la justice, la bienveillance et la bonté!... Un peuple annexé n'est plus qu'un bœuf qu'on soigne parce qu'il creuse notre sillon, mais qu'on rougirait de vouloir faire son égal, et qu'on châtie quand il se révolte contre l'aiguillon du maître.

Ah! si : je me trompais, il est une assimilation que l'on veut faire... Par la science, par la bonté, la persuasion, le prosélytisme bienveillant?... Non, par la force .. toujours la force!... C'est l'assimilation religieuse. La Pologne est opprimée parce qu'elle veut être indépendante, elle est persécutée parce qu'elle veut rester catholique. Quels sont les révolutionnaires, de ceux qui veulent la liberté religieuse partout, ou de ceux qui la demandent en Turquie, et ne la veulent pas chez eux? de ceux qui prient dans les églises, ou de ceux qui les ferment et les brûlent; des prêtres et des soldats qui sont fusillés, ou de ceux qui fusillent; de ceux qui vont en Sibérie, ou de ceux qui les y conduisent; de ceux qui souffrent, ou de ceux qui persécutent; de ceux qui meurent enfin, ou de ceux qui les tuent!...

Si le manteau du Tartare ne les étouffait depuis trente ans, huit millions d'âmes s'écrieraient qu'elles ont été hideusement violées!... S'ils n'avaient, sans trève, dans les reins la lance du Cosaque, huit millions d'hommes s'élanceraient de nouveau dans le sein d'une religion dont on les avait arrachés.

Qui pourrait accuser la Pologne de s'être défendue contre une razzia de Bédouins, contre une invasion de barbares ? Qu'est-ce donc autre chose, en effet, que cette chasse aux hommes entreprise furtivement une nuit, sous le nom de recrutement ?... Et n'est-ce pas le Russe qui a sonné là le tocsin du soulèvement et de la lutte ? Est-ce la civilisation qui fait de pareilles expéditions ?... Est-ce la civilisation qui souffre sans résistance de semblables exécutions ?

Et depuis... combien d'iniquités ! Que de sang répandu ! que de fosses ils ont remplies, qu'ils ne veulent pas qu'on visite !... Combien de deuils ils ont faits, qu'ils ne veulent pas qu'on porte !... Inutiles précautions... Ils ne voient pas le gigantesque linceul que soutiennent sur la Pologne en larmes leurs innombrables potences. Mais nous les voyons, nous, le linceul et les potences, et nous nous détournons avec horreur de ceux qui l'ont étendu et de ceux qui les ont plantées. Nous ne nous étonnons plus que la patrie des Berg et des Mourawieff ait, avec tant d'empressement, reconnu la patrie des Fumel et des Fantoni, des Cialdini et des Garibaldi, au mépris de la reconnaissance qu'elle devait au roi de Naples, pour, lui seul, au milieu de circonstances critiques, lui être resté inébranlablement fidèle.

Les accusateurs de la Pologne s'indignent au récit des assassinats commis en son nom, dit-on, par son gouvernement occulte ? S'indignent-ils également au récit de ceux des Russes, et sont-ils bien justes en ne tenant pas compte de la surexcitation terrible causée par un si tyrannique esclavage ?

D'ailleurs, ces crimes qu'on lui reproche sont-ils bien réels ? à quoi serviraient-ils ? Et les Russes, qui fusillent et brûlent, sont-ils donc incapables de chercher dans l'exagération des fautes un prétexte de violence et de calomnier la victime pour justifier son supplice ? N'ont-ils pas fait assez de martyrs pour que leurs pères, leurs époux, leurs frères, leurs amis, aient bien souvent la pensée de les venger sur eux par des crimes isolés, que l'on n'excuse pas à coup sûr, mais qui s'expliquent et qui retombent à la charge de la nation dans son gouvernement?

Le mot de représailles est un mot terrible qu'au prix de mon sang je voudrais effacer du front de cette civilisation si fière et encore trop sauvage. Mais depuis quand peut-on penser qu'une armée régulière, qui envahit un pays dans les circonstances ordinaires, soit complétement innocente de ces crimes isolés aussi bien que le pays envahi? N'est-ce pas une réciprocité bien triste, mais trop inévitable? Depuis quand, je ne dis pas l'humanité, mais la guerre, défend-elle de fusiller les prisonniers d'un ennemi qui les fusille aussi? La Pologne est contre la Russie en état de guerre déclarée. La police la traque, elle traque la police. La nation entière est une armée de tirailleurs qui tire sur l'ennemi partout où elle le trouve. C'est la potence qui assassine d'un côté, c'est le couteau qui assassine de l'autre!... Hélas! il est bien loin de ma pensée d'excuser cette tactique qui me fait horreur, et la preuve en est que je me suis servi pour la caractériser du mot d'assassinat; mais, outre que rien ne prouve que ces affreux reproches adressés à la Pologne soient fondés, se représente-t-on bien ce que cent années d'oppression et de supplices peuvent accumuler de haine et d'exaspération dans le cœur de la victime? Pourquoi vouloir qu'il n'y ait que des brebis d'un côté, quand de l'autre il y a tant de loups acharnés?

Depuis qu'on n'entend plus parler de négociations, les sentences mortelles du gouvernement national et les assassinats éclatants semblent aussi avoir pris fin. Est-il permis de penser que la haine et la vengeance se soient calmées si vite, surtout au moment où l'insurrection paraîtrait étouffée ou ralentie? Et ne faut-il pas penser plutôt que la Russie croit n'avoir plus besoin de ces crimes retentissants pour illusionner l'Europe?

Est-ce bien un reproche sérieux que celui du mystère qui protége l'existence et l'action du gouvernement national? Où voulez-vous qu'il habite, si ce n'est dans le secret? Trouvez-lui donc un lieu, une ville, une place forte, une armée régulière, où il puisse résider en sûreté, d'où ses ordres puissent rayonner en tous sens. Vous

voulez savoir les noms de ces hommes de courage. Votre curiosité
est trop cruelle ; elle irait jusqu'à les faire exécuter tous, avec leurs
pères, leurs enfants, leurs parents, leurs amis et leurs commen-
saux.

On s'est soulevé pour le triomphe, sans doute, et vous accusez
d'en prendre les moyens. Où voulez-vous que ce gouvernement
s'établisse au grand jour ?... A Varsovie ?... Ah ! quel massacre !...
Et je vois tout disparaître dans un tourbillon sanglant, le gouvernement, ses agents, sa famille, ses amis, sa maison, ses propriétaires, et peut-être le quartier tout entier qu'il aurait choisi pour
un si stupide exploit.

Passons ; car en vérité, pour faire un pareil reproche, il faut être
un ennemi déclaré, ou bien avoir d'autres raisons que je ne veux
ni rechercher ni connaître.

Que de mal ont bien souvent fait les mots ! Dites faussement d'un
homme qu'il a manqué à la délicatesse, il peut s'en relever ; mais
si vous dites que c'est un voleur, il est à tout jamais perdu. Aussi que
de précautions ne doit-on pas apporter dans ses formules !

On a dit et répété bien souvent, par un inqualifiable abus de
mots, que les Polonais étaient des révoltés, et c'était assez pour les
perdre à jamais dans l'esprit de beaucoup de gens honnêtes, mais
simples et timorés.

Les Polonais, des révoltés !... Comme s'ils étaient sujets russes,
concitoyens égaux et adoptés des Russes, ou bien esclaves légitimes
de la Russie !... comme s'ils n'avaient pas été violemment empoi-
gnés par trois ravisseurs apostés !... comme s'ils n'avaient pas
toujours protesté, lutté contre la force !... comme s'ils n'avaient pas
toujours été traités en vaincus, traités comme un troupeau !...
comme si, enfin, ils n'avaient pas toujours été au ban de la Russie ;
esclaves de corps, mais libres dans leur âme, se faisant une libre
patrie, une glorieuse Pologne dans leurs nobles cœurs !

Depuis longtemps et partout on répète que la Russie est notre alliée naturelle. Il s'agit de distinguer : les choses étant dans l'état où elles sont... oui, peut-être ; mais, à mon avis, la Pologne, restituée dans ses anciennes limites et solidement constituée, serait pour la France une alliée bien plus rassurante et bien plus utile, ce qui équivaut à dire que notre alliée naturelle est la Pologne ou la Russie, c'est-à-dire la puissance qui se trouve le plus au nord de l'Europe.

Consultons quelquefois la sagesse de nos pères : furent-ils jamais les ennemis de la Pologne, et la Pologne ne fut-elle pas toujours, au contraire, notre alliée la plus active et la plus fidèle? C'est une alliance qui ne me paraît offrir que des avantages, et à laquelle je ne trouve aucun inconvénient. Cette nation est catholique comme nous, comme nous belliqueuse ; aucun conflit de territoire et d'intérêts ne paraît possible entre elle et nous ; sa marine, loin d'inquiéter la nôtre, ne pourrait que la fortifier en certains cas donnés. Rien n'indique qu'elle veuille ou puisse envahir l'Allemagne en conquérante, et tout, au contraire, tend à lui faire reconnaître un esprit casanier. Sa propension, d'ailleurs, qui n'est pas vers Constantinople, la porte surtout contre ses voisins du Nord-Est, dont, sans aucun doute, elle préserverait l'Europe et la Turquie.

La Russie, au contraire, offre un immense danger qui ne repose pas sur de vaines suppositions, mais sur des aspirations indubitablement reconnues, sur des faits acquis, réellement accomplis, et sur des tentatives heureusement refrénées par la puissance de nos armes. Elle tient beaucoup du barbare, car son expansion conquérante se porte sur tous les vents : on dirait qu'elle est perpétuellement en révolte contre toute frontière, et que son incommensurable ambition, enveloppant l'Europe entière et l'Asie, n'accepte qu'une barrière, l'Isthme de Suez, cette porte maudite de la torride et sablonneuse Afrique. Sa voracité est sans limites ; elle ronge peu à peu la Scandinavie, mord à l'Europe déjà et à l'Orient méditerranéen avec les dents du panslavisme et de l'orthodoxie, et voudrait la Chine et la Perse, pour saisir et dévorer l'Inde anglaise.

La Russie est l'Esprit de conquête fait peuple. Sa puissance actuelle paraît plus apparente que réelle ; mais, quoiqu'elle semble incapable de réaliser seule ses gigantesques plans, ce serait, je crois, une grande faute de la laisser arriver en position de nous donner un éclatant démenti, ou tout au moins de nous forcer à la faire, par une guerre acharnée, rentrer dans ses frontières.

Il est, en Europe ou plutôt à côté de l'Europe, fatalement attachée à son flanc, une puissance qui pèse sur elle de tout le poids de la force matérielle et de l'immoralité politique : c'est l'Angleterre. A coup sûr, il n'est pas en dehors d'elle une âme honnête, un politique droit, un gouvernement quelconque qui ne se soit dit bien souvent : — Ah ! si l'on pouvait l'anéantir, combien la paix universelle y gagnerait !... — Elle le sait, elle le voit ; mais rien ne l'arrête, et c'est, au contraire, un motif de plus pour poursuivre impitoyablement son œuvre de destruction ; car elle sait bien aussi, quand la Révolution sera vaincue, quand la politique de l'Europe deviendra plus honnête, elle sait bien qu'elle sera perdue.

C'est cette considération, sans doute, qui avait conduit la Restauration vers une grande erreur ; mais inclinons-nous, en passant, devant de pareilles fautes, inspirées par le désir de bien faire. La Restauration, gouvernement honnête et habile, sagement progressif, jaloux et soigneux de l'honneur et de l'intérêt de la France, alarmée des dangers dont l'Angleterre menaçait l'Europe, et qui se réalisent trop évidemment depuis, avait pensé à substituer à sa puissance celle de la Russie. C'est dans ce but qu'au moment de sa chute elle commençait, par la conquête d'Alger, à réaliser un plan qui devait affranchir la Pologne en livrant Constantinople aux Russes. C'était, je crois, une grande faute.

Quelque formidable que soit l'Angleterre, c'est une puissance factice qui ne repose que sur le caprice des flots : son sol, obstinément pauvre, s'étonne, s'effraie de porter une population qu'il ne saurait nourrir, tout en s'énorgueillissant d'une richesse industrielle et commerciale qui ne vient pas de son sein et qu'un seul coup du sort, un seul revers peut anéantir jusqu'à zéro. La puissance de l'Angleterre n'a rien d'intrinsèque, de profondément fondé, de capable de résister, comme la France, à de longues années d'infortune. L'Angleterre n'est pas un sol fixe et solide, c'est une terre à coulisse, qui, selon ses besoins, s'étend, s'allonge vers le continent par son innombrable marine, et s'en retire à son gré par le même procédé. Qu'un jour ce mécanisme formidable et magnifique soit brisé par une de ces tempêtes de la Providence auxquelles rien ne résiste ; que cette foudroyante marine vienne à sombrer sous le typhon de la colère divine, et l'Angleterre, misérablement affamée, ne sera pas longue à se dévorer elle-même, et ses multitudes indigentes et inoccupées par la privation de monopoles et de débouchés, se rueront aussitôt sur la richesse concentrée pour une ruine immense !... Adieu le *Riot act* et ses constables !...— Voici le danger d'une force et d'une population artificielles.—L'Angleterre, qui est aussi morale au-dedans qu'immorale au-dehors, n'aura point de décadence : c'est une catastrophe qui doit l'anéantir.

Puisque nous avons posé la Russie en parallèle avec l'Angleterre, supposons-la à Constantinople, conquérante affermie de toutes les provinces musulmanes et par conséquent de toute l'Inde anglaise, qui ne pourrait lui échapper. Elle se trouve, dès lors, en possession d'une richesse réelle et factice immense, incommensurable. C'est l'Empire romain exactement refait, mais retourné, puisque Constantinople y jouerait le rôle de Rome, et l'Europe civilisée celui de l'Asie luttant à outrance contre les conquérants du monde. Maîtresse de l'Égypte, de la Crimée, des provinces du Dniéper et du Dniester, des vallées du Danube et du Volga, toutes douées d'une fertilité merveilleuse, elle n'a rien à demander pour sa subsistance au reste du monde qu'elle peut, au contraire, à son gré affamer ou amplement approvisionner. Elle possède le lin, le chanvre, le coton, la laine et la soie, le fer et le combustible qui peuvent lui faire une autre richesse, artificielle pour d'autres nations, mais naturelle pour elle, puisque rien ne peut lui en enlever les éléments et que la population suffirait à sa consommation. Que lui manquerait-il ?... rien !... — L'argent qui est le nerf de la guerre et des gouvernements? Il naît de son sol par ses mines, de ses mains par la culture, de son cerveau par le commerce et l'industrie. — Une armée? mais elle aurait des multitudes. — Une marine? Mais ses côtes se comptent par milliers de lieues, et son commerce universel, son monopole de l'Inde, de l'Asie et de l'Océanie, de la mer Noire et de la Baltique lui feraient naturellement une immense presse de marins : la Grèce seule lui en donnerait cinquante mille.

L'Angleterre a tous les océans, mais elle n'a pas de mer fermée, de bassin personnel de refuge et d'évolution : l'on peut toujours la rencontrer en champ ouvert, la combattre, la poursuivre et l'anéantir en cas de revers. Mais la Russie aurait, elle, deux forteresses formidables : une forteresse de glace pour l'hiver, une forteresse de feu pour l'été. Elle aurait deux places d'armes maritimes, deux ports immenses, la mer Noire et la Baltique, dont elle ouvrirait les portes pour écraser l'Europe, qu'elle fermerait à son gré pour échapper à ses poursuites, réparer ses désastres et se refaire pour des succès probables.

La France, à coup sûr, serait le champion de l'Europe sans cesse menacée. Mais où trouverait-elle la force suffisante à l'œuvre de vaincre cette gigantesque puissance et même de lui résister ?

Il n'y a pas de place sous le soleil pour deux colosses comme l'Angleterre. Il faut donc opter, en attendant que la Providence ait délivré le monde de l'un et de l'autre.

La Russie serait d'abord peut-être une puissance plus morale, mais je préfère l'Angleterre, parce que la Russie elle-même ne serait plus que l'Empire grec qui s'est corrompu d'immoralité dès son berceau, et auquel ses prodigieuses ressources ont pourtant fourni une longue vieillesse. Je préfère l'Angleterre, parce qu'elle ne peut plus braver longtemps la justice divine et que je la vois déjà s'asseoir au festin de Balthazar. Je préfère l'Angleterre parce qu'elle ne peut tarder à s'abîmer et que l'Europe sera libre alors, maîtresse de ses mouvements; parce qu'il n'y aura plus de suprématie pour lui dicter des ordres, lui souffler une morale de sauvages et lui imposer des révolutions, des guerres et des désastres. Je préfère l'Angleterre, enfin, parce qu'elle va tomber et que la Russie durerait longtemps, ce qui équivaut à dire que je ne veux ni de l'une ni de l'autre.

C'est pourquoi je voudrais une Pologne entière, forte et puissante, avec une Russie russe, réduite, sous n'importe quel nom plus ou moins pompeux, à son état étroit, grand-duché ou puissance purement orientale, de manière que la Pologne fût la nation de l'Europe le plus au nord et devînt de nouveau, par cela même, notre plus inébranlable alliée.

Maintenant que nous avons établi que la Pologne est une nation, qu'elle peut être gouvernée comme toute autre, que son droit est de lutter pour son indépendance et qu'elle a toujours lutté, que ses tendances révolutionnaires, plus apparentes que réelles, viennent du désespoir où l'ont jetée les gouvernements qui l'ont soulevée pour la livrer ensuite à son malheur, qu'elle râle expirante sous le gouvernement de l'injustice et sous le talon de la répression la plus impitoyable, qu'elle a toujours été et qu'elle est toujours notre meilleure alliée, et que son entier affranchissement est non-seulement un acte de justice, mais pour l'Europe en général, et pour la France en particulier, un événement heureux et désirable, que reste-t-il à faire, sinon à conclure ?

Oui, la France doit à la justice, à l'Europe, à son propre intérêt et même à son honneur de soutenir, de défendre la Pologne et de faire tout ce qui est en son pouvoir pour l'affranchir et la reconstituer, en réparant une grande iniquité qui la trouva trop indifférente jadis.

Maintenant comment la France doit-elle la soutenir ?

Par tous les moyens probes et sages, mais énergiques, qui sont à sa disposition, par la guerre surtout, quand ses circonstances intérieures et celles de l'Europe l'auront rendue possible.

La guerre, demandée dès maintenant par quelques gens honnêtes, mais bien irréfléchis, est surtout exigée avec violence par tous les révolutionnaires qui savent bien que les ondulations du tremblement de terre ne seraient pas circonscrites sur un si étroit espace, mais qu'elles auraient pour effet de bouleverser l'Europe entière et de l'ensevelir sous des ruines dont ils sauraient bien sortir pour édifier sur elles leur détestable fortune.

D'autre part, dire que le soulèvement polonais, provoqué par une habileté mystérieuse, est soutenu par les révolutionnaires de l'Europe, c'est, pour bien des hommes honnêtes, résoudre implicitemen la question et avouer qu'on ne peut recourir à la force.

Une simple réflexion semble être, selon moi, tout à fait décisive. Probablement les premiers n'invoqueraient pas si ardemment la guerre, si elle était possible, sans danger de leur côté, tandis que les seconds la voudraient au contraire, à coup sûr, s'il n'y avait à courir que le sort des batailles.

C'est-à-dire alors que la France, qui devrait faire la guerre, ne le peut pas dans les circonstances fatales créées depuis longtemps par la révolution.

Il ne suffit pas, en effet, qu'un peuple soit injustement opprimé pour qu'on vole à son secours les armes à la main. Il ne s'agit pas pour la France de se faire le paladin de tous les opprimés ; sans doute, il ne serait pas juste de les abandonner à leur infortune imméritée et de ne pas les protéger dans les limites de la raison ; mais ce serait folie de tirer toujours l'épée sans nécessité, sans intérêt défini, sans préoccupation du danger comme des chances de succès.

Je déplore les apparences révolutionnaires qui voilent à bien des yeux la cause de la Pologne ; mais quelle que soit la réalité qu'elles couvrent, je ne me sens pas le courage de lui en faire un crime dans les tristes nécessités où l'ont poussée tant d'excitations intérieures et étrangères. J'aime mieux, avec le souhait et l'espoir d'un succès définitif, me borner à lui affirmer que ce n'est pas la révolution qui la sauvera ; mais que c'est elle, au contraire, qui reculera son triomphe et le perdra peut-être, en gênant trop fortement les mouvements et la liberté de la France.

En effet :

C'est la révolution, dont les vains systèmes et les excès insensés, en ruinant depuis soixante années nos finances, ont mis la France dans l'impossibilité d'entreprendre sans alliés une guerre qui serait bientôt universelle.

C'est la révolution qui, en dénaturant l'action et les intentions de la France dont l'esprit public la repousse avec horreur, deviendrait fatalement notre unique alliée !...

Les révolutions coûtent cher. Nous avons déjà trop vu le trouble qu'elles ont jeté dans nos finances ; nous avons déjà trop souffert par le seul dérangement qu'elles causent, par le déplacement des positions, des hommes et des choses, par la dépréciation subite de toutes les valeurs, par les nombreuses ruines publiques ou privées qu'elles sèment sur leur passage. Nous avons déjà trop de l'énorme alluvion que leurs torrents vaseux ont laissée tour à tour sur notre dette publique !...

La démocratie est le règne des médiocrités, et la gravitation insensible des classes, qui est dans la nature des choses, n'est pas sa loi. L'un de ses plus funestes caractères, au contraire, est la rapidité immodérée de leur élévation, et le désir de s'enrichir et de réussir à tout prix, bien entendu, le plus souvent, sans avoir pour cela ni le talent ni l'argent nécessaires. Jadis, dans les temps qu'on appelle arriérés, l'on gravissait aussi la montagne sociale, et chacun pouvait trouver sur son flanc escarpé quelque abri commode et suffisant à son repos et à son ambition modérée, jusqu'à ce que ses enfants reprissent plus tard leur route et gravissent encore, chacun selon sa force et son mérite ; on s'élevait ainsi lentement, mais sûrement. Maintenant on saute, on escalade. C'est bien pour les jarrets vigoureux ; mais pour ceux qui ne les ont pas, qu'arrive-t-il ? c'est qu'ils retombent. Il en est qui se tuent ; mais il en est bien davantage qui ne font que se blesser, et puis, pour tous ces estropiés de l'ambition et de l'envie, il faut un grand hôpital... C'est l'État qui recueille dans ses fonctions publiques, en en créant aussi pour eux, la plupart de ces déclassés et de ces impotents de la démocratie.

C'est l'impôt qui les fait vivre, et il est si élevé, qu'il en est qui se demandent si ce n'est point l'avant-coureur du système socialiste de l'État unique propriétaire. N'est-il pas permis de le craindre, en effet, en voyant une si grande part de la fortune générale et privée destinée à tirer du néant tant· de médiocrités insatiables toujours prêtes à se jeter sur le reste pour se l'approprier d'une manière ou de l'autre ?

Mais pour apaiser cette démocratie envieuse, ajourner cette révolution qui fermente et menace toujours, il faut créer de gigantesques travaux qui ne lui suffisent plus bientôt, et alors pour déplacer, transplanter ailleurs ce mancenillier dont l'ombre tue toujours, il faut bien faire la guerre à ceux qui ne veulent pas de ce présent fatal; mais la guerre ne se fait pas sans argent, beaucoup d'argent, surtout lorsque, soi-même vainqueur, on paie sa part des frais de la guerre.

Il est vrai qu'on dira que c'est-là du pessimisme, que la France est riche d'une richesse magnifique, et que le gouvernement saura bien encore trouver un milliard dans la confiance qu'il inspire. C'est vrai. Il en trouverait même deux, même quatre; mais que prouve cela? Que les finances ne sont pas en mauvais état? Non : cela prouve tout simplement que la France, avec sa terre de promission, son climat tempéré, ses côtes immenses, son intelligence élevée et son caractère heureux et plein d'énergie, est douée d'une richesse naturelle, agricole, industrielle et commerciale merveilleuse... et inépuisable... Non, il n'est rien d'inépuisable ici-bas!... Cela prouve que, pleine de ressources, elle trouve, produit et fournit facilement tout ce qu'il faut pour l'action et ensuite pour la réparation des désastres ; cela prouve, symptôme alarmant pour ceux qui étudient le fond des choses, cela prouve qu'on a confiance dans les fonds publics autant que dans la terre, plus que dans la terre peut-être, parce qu'on craint la révolution, ses massacres et ses spoliations, et qu'on se dit : Une première fois déjà on a pris la terre, et comme elle avait des occupants, on ne l'a pas restituée à ses légitimes propriétaires, au lieu que le grand-livre, brûlé par une révolution, pourrait toujours facilement et nécessairement devrait être rétabli par un gouvernement honnête, puisqu'il n'y aurait pas de possesseur à expulser, et qu'on ne léserait ni ne blesserait personne. — Voici la vérité. — Mais parce que la France est riche, parce qu'on peut encore tirer d'elle un milliard... quatre milliards... dix milliards sans catastrophe... cela prouve-t-il qu'on peut le faire sans la fatiguer, l'épuiser, la ruiner, et la mettre enfin dans l'impossibilité de marcher fortement dans la paix ou de tirer glorieusement l'épée, quand il s'agira plus tard, non plus d'une guerre de fantaisie, mais d'une guerre d'intérêt, d'honneur; non plus d'une guerre révolutionnaire, mais d'une guerre de conservation et de salut?

On dira : Mais ses vingt milliards de dettes gênent-ils donc l'Angleterre dans ses mouvements? Plus qu'on ne le croit, à coup sûr : car, bien certainement, ils l'ont mise dans l'impossibilité de soutenir une lutte semblable à celle où succomba Napoléon, en lui laissant au pied ce terrible boulet. — Mais, laissez faire!... Qu'il lui tombe un désastre et qu'elle ne puisse plus ni vendre ni se nourrir, ce qui lui arrivera inévitablement un jour, et la France trouvera, dans ce redoutable exemple, un enseignement qui viendra peut-être trop tard.

En grevant la France, dans l'espace de soixante années, de dix milliards de dettes, la révolution ne l'a-t-elle donc pas déjà tristement épuisée? N'a-t-elle pas tari la source de son action? Il n'y a pas longtemps que le ministre des finances, inquiet, embarrassé, cherchant à faire de l'argent, créait de nouveaux impôts, inventait d'ingénieux expédients dont la plupart n'ont pas réussi!....... Qui vous dit que d'autres réussiront mieux?...

Il n'est pas une nation qui ne se croie de force à soutenir seule la guerre contre une autre nation dans une position analogue à la sienne, et quand elle peut facilement l'atteindre. Peut-être avons-nous en France l'orgueil ou la présomption de croire que, dans la guerre, nous valons deux et même trois.... Mais valoir quatre !... devoir probablement valoir cinq !... Il n'y a que les fous qui puissent le penser.

Pour attaquer la Russie, il faut qu'elle soit à portée de canon. La marine peut nous rapprocher d'elle : mais qui ne sait que, sans la flotte anglaise, nous aurions toujours été trop loin de la Crimée. Ce n'est pas sur les ailes présomptueuses et fragiles du désir qu'on transporte cent mille hommes, et à plus forte raison quatre cent mille, et surtout qu'on les transporte à la fois, pour qu'ils ne soient pas écrasés en détail. On n'a pas même la ressource de se masser au midi en Moldavie et au nord en Norwége, pour contourner le golfe de Bothnie et tomber sur Pétersbourg. Où trouverait-on des vivres, pour une aussi nombreuse armée, sur un sol naturellement si pauvre, et comment pourrait-elle arriver sur le terrain de l'action avant d'être immobilisée pour la neige et la glace ? Je suppose même qu'on agît librement, que l'Europe restât neutre et permît l'ouverture de la Moldavie, et que la Suède nous prêtât son concours,—toutes supposi-tions au moins gratuites.

Il n'est donc pas, à coup sûr, un homme sensé qui rêve que nous puissions atteindre la Russie sans passer sur les autres. Autrement, on peut la taquiner peut-être, mais l'attaquer sérieusement et la vaincre, jamais. Pour cela il faut fouler un héritage voisin, qui ne nous donnera ni le droit de lancer, ni le droit de suite. Il faut poser le pied sur l'Allemagne, et je dis qu'il faut passer sur son cadavre, parce que le passage amiable ne nous sera jamais consenti, ni par la Prusse qui tient le bras droit de la Pologne, ni par l'Autriche qui tient son bras gauche, ni par l'Allemagne enfin qui tient à ses pro-vinces du Rhin... à son libre Rhin allemand !.. comme elle le dit dans ses chansons.

J'entends bien des voix qui nous crient qu'on atteindra la Po-logne, qu'on traversera l'Allemagne par les souterrains de la Révolution dont leur sol est miné!... Mais quel est le gouvernement qui voulût s'engager dans ces carrières maudites?

Il est donc certain que nous voici déjà contre quatre!... La cinquième puissance viendrait plus tard!... à la fin... non pas contre nous... mais sur nous!... Car elle n'a, celle-ci, aucune prétention ni à la gloire ni à la générosité.

Où sont nos alliés pour résister, pour lutter, pour vaincre ce quintuple et formidable accouplement? Pour n'avoir plus à tirer de notre poitrine lacérée les cris douloureux de la Bérésina, de Leipsick et de Waterloo!......

Où donc avons-nous un allié?

Est-ce l'Italie?... Non... car je ne l'appelle pas l'Italie, je l'appelle la Révolution!... Je l'appelle notre plus mortel ennemi!... plus terrible que tous les autres ensemble, car, s'il ne nous poignardait pas déjà dans le combat, si, par hasard, il nous faisait triompher, il saurait bien promptement vaincre notre victoire elle-même et nous précipiter, du haut de notre gloire, dans l'abîme d'une mort inévitable et certaine.

Que ce soit l'affranchissement désintéressé de la Pologne, que ce soit la conquête de la frontière du Rhin, ou tout autre projet qui soit dans le cœur du gouvernement, il est certain que nous serions seuls dans le moment où nous sommes. La Prusse et l'Autriche qui se jalousent et se détestent, et l'Allemagne qui ne veut se laisser médiatiser ni par l'une ni par l'autre, verraient, à coup sûr, dans la première attaque, un danger collectif et trouveraient, sinon dans leur patriotisme, au moins dans leur instinct de conservation, la pensée de se réunir contre nous. Si elles se défient l'une de l'autre, elles se défient encore plus de nous. Si leur unité perpétuelle et paisible paraît impossible, du moins leur union d'un jour de danger paraît-elle praticable, probable et même certaine. Que le Dieu qui protége notre patrie fasse qu'une conquête accomplie des provinces du Rhin n'opère par contre, la France, l'unité d'une nation de cinquante millions d'habitants, qui serait alors trop à redouter pour elle. La division profonde de l'Allemagne sera, longtemps encore pour la France, la meilleure des frontières et la plus sûre garantie de sa prépondérance.

Il faut être sincère : l'Europe est inquiète, fatiguée, de l'état anormal dans lequel elle se trouve, en dehors de la bonne civilisation ; car en sentant son sol tourmenté osciller sous les pas frémissants de plus de trois millions de soldats, peut-on bien avec certitude assurer que nous n'en soyons pas sortis. Les extrêmes se touchent : l'état sauvage est un état perpétuel de guerre, et peut-on dire avec raison qu'un pays qui a besoin pour se garder de tant de bras armés, soit doué d'une civilisation parfaite.

Oppressé par un besoin de repos inhérent à l'état de société, l'on parle sans cesse de désarmement ; mais, chose singulière et douloureuse pour nous, toutes les autres puissances redoublent leurs armements quand c'est la France qui prononce ce mot. C'est qu'elles savent qu'une nation qui possède une si parfaite organisation militaire et qui peut facilement, dans l'espace d'un mois, armer, transporter et masser six cent mille hommes, ne désarme jamais.

Faut-il, pour leur bon plaisir, renoncer à cette organisation qui nous rend si forts ?... Non, à coup sûr ; mais le seul moyen, en la conservant, de ne pas ameuter contre nous tous les autres, c'est de leur inspirer une confiance sans équivoque. Sinon, non !... sinon, la guerre ; car pour l'Europe il vaut mieux faire la guerre que de se laisser sourdement dévorer par ses armées qui la vaincraient ainsi bientôt elle-même sans gloire ni combats.

Ainsi donc, la confiance ou la guerre, la guerre sans autre allié pour la France que la révolution, — la révolution en Allemagne, — la révolution en Prusse, — la révolution en Autriche, — la révolution en Russie, — la révolution en Italie, — la révolution en Suisse, en Hongrie, en Pologne... — la révolution partout, avec le bouleversement et le désastre, le pillage et le meurtre !...

Et puis un seul goûvernement pour spectateur tranquille, serein, impassible : Méphistophélès politique prudent, calculateur et rusé, allongeant au moment propice ses mains crochues pour saisir les morceaux à sa convenance et de son goût dans cette chaudière bouillant, frémissant, écumant, sur le feu qu'il a dressé lui-même, attisé et soufflé !... Lui... il ne fera pas la guerre... mais, après le danger, il viendra, comme le *cachetero* des courses espagnoles, pour achever le brave taureau déjà tombé sous la vaillante épée du *lidiador*; il viendra au dernier moment, comme ces nocturnes loups-cerviers qui suivent les armées pour achever le blessé et pour le dépouiller !... Encouragé par l'annexion sournoise de la Grèce aux îles Ioniennes, l'Égypte et le canal de Suez, qui sont la route des Indes, lui font tant envie !... Il a tant besoin de conduire à sa perte la France qui le gêne et lui porte ombrage !...

C'est là une partie du mystère de cette hideuse insistance que, depuis la Crimée où il a mieux connu notre force, il met à nous pousser à la guerre : guerre d'Italie, guerre du Mexique dont il se retire !... guerre contre l'Amérique !... guerre pour la Pologne !... guerre pour le Danemark qu'il décline aussi... guerre partout pour nouer, par derrière, une autre coalition de 1815 qui, dans sa pensée, ne manquerait pas de faire de la France, cette fois enfin, la Pologne de l'Occident.

Si c'était une thèse métaphysique que j'eusse posée là, l'enchaînement des idées me conduirait maintenant à démontrer que la révolution est partout et qu'elle nous menace ouvertement. Oh ! si j'avais besoin de la prouver, c'est qu'elle ne serait pas si redoutable et si profonde. Non, il est malheureusement trop évident que sa tête et sa main sont partout, et, pour avoir le droit de me taire sur sa réalité, je n'aurais pas même à citer ces paroles alarmantes du ministre d'État dans la séance du Corps législatif du 15 janvier 1864 : « Et le parti socialiste de 1848 n'est-il pas toujours debout? « N'a-t-il pas ses chefs ? Ne s'est-il pas recruté même par l'amnistie

« que l'Empereur a accordée dans sa générosité? Oui, Messieurs,
« ce parti a toujours ses chefs, ses émissaires, ses espérances à
« échéance plus ou moins lointaine. En présence de ces faits, pou-
« vez-vous vous associer à des conseils de libertés irréfléchies qui
« pourraient produire le désordre aux époques difficiles de trans-
« mission de pouvoir? »

Après de pareils aveux, est-il un homme de bon sens qui puisse
nier la révolution, un homme sage qui puisse désirer la guerre, un
gouvernement qui voulût la faire dans les conditions que nous
avons tracées et avec un pareil allié !...

Mais, nous diront avec raison les esprits justes et sensés : Vous
ne croyez pas que la cause polonaise soit au fond révolutionnaire ;
vous la proclamez juste et sainte, digne d'intérêt, digne de secours ;
vous dites qu'il est du devoir de la France de la prendre sous sa
protection, qu'elle devrait pour elle aller jusqu'à la guerre... et
vous concluez d'une façon inattendue qu'il ne faut pas faire la
guerre, et qu'ainsi on doit la laisser périr !...

Oui, la Pologne est une nation légitime, une martyre politique
de la violation du droit traditionnel, une victime des excitations
intéressées du dehors, l'héroïne enfin de la religion et de l'indépendance !...

Oui, la Pologne est notre alliée naturelle, et la preuve la plus
claire en est qu'à chaque fois que, soit dans ses convulsions politiques, soit dans ses aspirations, soit dans ses dangers, la France a
besoin d'une diversion puissante, c'est toujours la Pologne qui s'é-
meut, s'agite ou se lève ou s'unit à elle.

Oui, la Pologne, pendant l'homérique épopée de nos triomphes,
était là, près de nous, côte à côte, mêlant à nos cris de combat et
de victoire ses cris de combat et de victoire, son aigle à notre aigle,
son sang à notre sang, mariage mystique qui nous oblige à protéger, à défendre, à délivrer cette courageuse épouse, couchée alors

comme nous sur le sol d'une gigantesque défaite, et de plus, elle, brisée, partagée et torturée par ses vainqueurs !

Ah ! c'est là que notre deuil se teint d'une plus sombre couleur ; c'est là qu'il faut déplorer notre fatale impuissance ; c'est là qu'il faut maudire la révolution qui garrotte notre liberté et qui rompt notre force. Oui, toutes les voix de la justice et de la raison nous crient : guerre !... guerre !... mais tous les conseils des situations et des faits nous demandent la paix pour le salut de la France et de l'Europe entière.

C'est vrai, il faudrait la guerre, et pourtant nous ne devons pas la faire !... Mais malheur ! trois fois malheur à tous ceux qui, depuis cent années, nous ont mis dans cette position si fatale que l'impuissance dût faire une telle injure à la logique et à la justice !...

Mais laisser périr sans espoir cette nation généreuse, non : de la guerre à l'inaction complète, il y a bien loin. Entre ces deux extrêmes, il y a la négociation qui au moins maintient le droit et peut même réussir. Cependant, essayée pendant tout une année, à quoi donc a-t-elle déjà servi ?

Je ne sais si ces négociations auraient pu aboutir dans d'autres conditions ; mais, à coup sûr, elles ne le devaient pas sous l'empire du sentiment de défiance qu'elles inspiraient à l'Europe entière.

Pour nous, qui ne pouvons faire seuls la guerre... soyons seuls d'abord pour traiter. — Le meilleur moyen de nous faire écouter, c'est de regagner la confiance de l'Europe, qui nous voit trop forts Qu'elle demeure toujours certaine de notre force, mais qu'on lui prouve qu'elle n'en a rien à redouter, parce que cette force n'a pour mission que la défense de notre sol, de notre honneur, de nos inté-rêts légitimes, et de la justice et du droit sur tous les points du globe. Qu'elle sache que nous ne voulons pas de la guerre à tout prix ; que les provinces du Rhin ne sont point un rêve dynastique ; que la France, ce qui est certain, n'a nul souci de cette conquête, qui n'ajouterait rien à sa puissance.

Qu'on prouve surtout à l'Europe qu'elle se trompe en nous accusant de connivence mystérieuse avec la révolution, et que nous ne sommes pour rien dans l'alliance de Garibaldi, de Kossuth et de Mieroslawski. Une chose surtout importe à a chrétienté catholique, c'est d'apprendre, par une éclatante réparation, que *cette grande position pour le père commun des fidèles,* insinuée dans une circonstance récente et solennelle, loin d'être la pensée intime du Gouvernement, n'est que le rêve isolé d'un esprit peu soucieux des choses religieuses.

Alors seulement nous aurons assez de poids pour le plateau de la justice que nous aurons choisi, et nous pourrons traiter seuls avec une inattaquable autorité, plus forts qu'avec deux auxiliaires à la sincérité desquels personne ne semble croire; pius forts sans le secours de l'Autriche qui détient une partie de la Pologne et frémit encore au souvenir des égorgements de Tarnow ; plus forts sans le secours de l'Angleterre qui torture et pille l'Inde, étouffe impitoyablement l'Irlande catholique, et qu'éveille encore en sursaut, après deux cents années de remords, le cauchemar des massacres de Gleuco.

Une grande faute serait de constituer par des traités le droit de la Pologne ; ce serait dire qu'il est douteux, ce serait avouer que quelque chose pourrait prévaloir contre lui. Que vaut en effet ce droit dès traités substitué au droit positif, préexistant et traditionnel? Ceux de Zurich sur l'Italie et ceux de 1852 sur la succession du Holstein nous en donnent aujourd'hui la mesure, après ceux de 1815.

Le droit de la Pologne, il faut l'affirmer sans discussion, le poser *à priori,* en principe et comme base. Il faut attester énergiquement sa nationalité, la justice de sa cause, établir enfin son autonomie complète et séparée à jamais, comme source unique et certaine de toute négociation !

Traitons seuls alors, avec sagesse et modération, mais avec énergie, avec persistance, ne serait-ce, dans le principe, que pour empêcher la prescription de s'établir et de se solidifier contre la Pologne. Traitons seuls, jusqu'à ce que l'Europe rende hommage à notre bonne foi; car c'est la condition nécessaire pour réunir et dominer des congrès.

Alors seulement d'autres voix rassurées viendront, sans doute, s'unir à notre voix, d'autres forces honnêtes s'unir à notre force ; et ce réveil de la confiance politique et de la solidarité des nations sera peut-être le signal de la délivrance de l'héroïque et malheureuse Pologne, si la Providence, dans ses insondables desseins, lui réserve la récompense due à sa constance dans sa foi, et à son patriotisme à toute épreuve.

FIN

www.ingramcontent.com/pod-product-compliance
Lightning Source LLC
Chambersburg PA
CBHW061721060726
47597CB00006B/2501